الغَداء

بِقَلَم: مَحْمود جَعْفَر

جاين ويتيك

Collins

جَزَر

خُبْز

زَيْتون

لَيْمون

بَطاطِس

فَلافِل

كُرُنْب

خِيار

دَجاج

طَماطِم

باذِنْجان

لَبْنَة

الغَداء !

أفكار واقتراحات

الأهداف:

- متابعة تسلسل نصّ وصفيّ بسيط.
- قراءة كلمات تامّة.
- التعوّد على شكل الهمزة على السطر وصوتها.

روابط مع الموادّ التعليميّة ذات الصلة:

- مبادئ التهجئة.
- التعرّف على أسماء بعض المأكولات.

مفردات شائعة في العربيّة: خبز، دجاج

مفردات جديرة بالانتباه: جزر، خيار، الغداء، فلافل، لبنة

عدد الكلمات: ١٣

الأدوات: ورق، أقلام رسم وتلوين

قبل القراءة:

- ماذا ترون على الغلاف؟ سنعرف ما يفكّر فيه الصبيّ بعد قليل!
- هيّا نقرأ العنوان معًا. ما هو الحرف الأخير في العنوان؟ لِنُشِر إليه.
- هل تعتقدون أنّ هذا الصبيّ متشوّق لتناول غدائه؟

أثناء القراءة:

- أوّلاً، سنقرأ الكتاب معًا، ونشير إلى الكلمات.
- ما هي الثمرات الّتي نراها في صفحة ٤؟ ما هو السائل الّذي نحصل عليه لو عصرنا هذه الثمرات؟